Desert Memory

Poems
Jeannette L. Clariond

Translations
Lawrence Schimel

Fomite
Burlington, Vermont

Copyright © 2021 Jeannette L. Clariond
Translations copyright © 2021 Lawrence Schimel

ISBN-13: 978-1-947917-40-8
Library of Congress Control Number: 2021936879

All rights reserved. No part of this book may be reproduced in any form or by any means without the prior written consent of the publisher, except in the case of brief quotations used in reviews and certain other noncommercial uses permitted by copyright law.
Fomite
58 Peru Street
Burlington, VT 05401
www.fomitepress.com

4/20/21

Índice

El pan de cada sombra

I	2
II	4
III	6
IV	8
V	10
VI	12
VII	14
VIII	16
IX	18
X	20
XI	22
XII	26

Sed

Ruinas	32
En las aguas de lo oscuro	34
Estancias	36
Sed	38
Desnudo frente a un espejo	40
Fondo marino	42
Signo	44
El mundo	46

Contents

THE BREAD OF EVERY SHADOW

I	3
II	5
III	7
IV	9
V	11
VI	13
VII	15
VIII	17
IX	19
X	21
XI	23
XII	27

THIRST

Ruins	33
In Waters of Darkness	35
Sojourns	37
Thirst	39
Nude Before a Mirror	41
Seabed	43
Signs	45
The World	47

Augurios	48
Abandono	50
Pasaje	52
Cihuateteo	54
Vacío de amor	56
Fragata	58
Lejanía	60
Patio	62
Santa Isabel	64
Garza	66
Floresta	68
Santo Domingo	70
Estío	72
Orilla	74
Horas	76

Descenso

I	80
II	84
III	86
VI	88
VII	90
VIII	92

Auguries	49
Abandonment	51
Still Life	53
Cihuateteo	55
The Emptiness of Love	57
The Frigate	59
Distance	61
Patio	63
Santa Isabel	65
Heron	67
Thicket	69
Santo Domingo	71
Summertime	73
Shore	75
Hours	77

DESCENT

I	81
II	85
III	87
VI	89
VII	91
VIII	93

NIEBLA

I	94
II	96
III	98
IV	100
V	102
VI	104
VII	106

Fog

I	95
II	97
III	99
IV	101
V	103
VI	105
VII	107

El pan de cada sombra

I

Esta costumbre,
esta grave costumbre de perderse
al momento en que hilos,
hojas lanceoladas,
tenues luces
de rostros
se deslíen
y cuerpos se borran
como en una vieja fotografía.

Hacienda, pan,
todo guarda su nombre bajo la sombra.

Siete vados antes de entrar a la ciudad
    aún esparcen su mancha neblinosa.

The Bread of Every Shadow

I

This tendency,
this grave tendency of losing oneself
every time threads,
lance-shaped leaves,
the tenuous light
of faces
come undone
and bodies blur
like in an old photograph.

The ranch house, the bread,
everything hides its name beneath the shadow.

Seven dips in the road before entering the city
    still spread their misty stain.

II

Ruinas, nogales, sicomoros
desmoronándose en mis manos,
y entre huellas
el asomo de un lugar.

Espeso polvo, cordilleras,
nocturno el cañón
donde los gansos blancos de Babícora
esparcen la ceniza que dejaste enterrada en el Chuvíscar,
en la distancia que llamamos cercana indiferencia,
sus múltiplos sumándose a la trayectoria de tus días.

El eco de tus lamentos entre muros,
la soledad que ciñó tu muerte,
mito de noches y distancia,
certeza de lo que no es.

II

Ruins, walnut trees, sycamores
crumbling in my hands
and between traces
the memory of a place.

Dust lies thick,
mountain ranges, nocturnal the canyon
where the white geese of Babícora
scatter the ashes you left buried in the Chuviscar,
in that distance we call close indifference,
its multiples adding themselves to the trajectory of
your days.

The echo of your laments between walls,
the loneliness that clung to your death,
myth of nights and distance,
the certainty of what is not.

III

Arde la aurora,
alumbra la ciudad en ruinas,
el corredor de ancha bóveda,
los caminos de tierra,
el pantanoso piso de la caverna;
y buscas en tu cuerpo
ese cuerpo
extraviado
que se hunde.

III

The dawn burns
illuminating the city in ruins,
the broad-vaulted corridor,
the earthen paths,
the marshy floor of the cavern:
and you search within your body
that lost
body
disintegrating.

IV

De noche las persianas,
los sueños
alejando su frente,
el vino que aromó la mesa,
el mediodía;
él era el mediodía,
la morada,
el sueño de quien ve doblemente en los espejos;

y en ese sueño el alarido,
la cuerda que nos ata
de los crepúsculos
a la contemplación.
Hablará de tu luz, alas de hielo
devolviéndome el canto,
la fuerza de los años
sostenida
en un atril.

IV

At night the shutters,
the dreams
turning their brows aside,
the wine that perfumed the table,
midday;
he was the midday,
the abode,
the dream of those who see doubled in mirrors;
and in that dream the shriek,
the cord that binds us
from twilights
to contemplation.
It will speak of your light, wings of ice
giving me back my song,
the force of the years
resting
on a music stand.

V

Qué lugar es éste en el que habito
      de hojas y penumbra presentir.
El polvo sella
el hambre del recuerdo...
Cae la noche
entre el silbido de los trenes.
Vestida de novia
la muñeca
de la hacienda va
por el pasillo oscuro.

V

What place is this where I dwell
        of leaves and shadow foreseen.
Dust seals
the hunger of the memory...
Night falls
between the whistle of the trains.
Dressed as a bride
the doll
from the ranch house disappears
down the dark hallway.

VI

Orlas, círculos en la arcada central.
El amor desciende sobre el imperio de la cera,
alumbra el pan de cada sombra,
las tardes de manganeso,
la puerta en la balaustrada
    que abre al mar
de tu borrasca.

Vuelve a tu cuerpo lo marmóreo azuloso
de raíz
y desde el techo antorchas
cuando el agua del corazón adormece.

La sequía adelanta una luz
y su palabra,
al centro,
como una gran copa de alabastro.

VI

Orles, circles in the central arcade.
Love descends upon this melting empire
illuminating the bread of every shadow,
the manganese afternoons,
the door in the balustrade
    that opens onto the sea
of your thunderstorm.

The bluish marbling of roots
returns to your body
and from the ceiling firebrands
when the heart's water drowses.

The drought precedes a light
and its word,
in the center,
like an enormous alabaster goblet.

VII

Desde lo alto del jardín
   el ocelote;
desde lo alto la columna,
el blandor de la hierba,
la sal,
la blanquísima túnica del olvido;
devastada ciudad, salutación del mago
    que de lejos aproxima
el resplandor,
el invierno que adivinas
    y hiere
    — su cobija de escarcha.

Junto al mar,
en el risco
donde los pelicanos duermen,
una reja sobre tu rostro,
una casa vacía
entre la cresta y la baja marea.

VII

From the heights of the garden
    the ocelot;
from the heights the column,
the softness of the grass,
the salt,
the stark white tunic of forgetting;
devastated city, greeting of the mage
    who from afar approaches
this gleam,
the wounding winter you
    foresee
      — its blanket of frost.

Beside the sea,
on the cliff
where the pelicans sleep,
a grille over your face,
an empty house
between the crest and low tide.

VIII

Jardín donde la rosa desgajó sus pétalos
            sobre altos aleros de ébano;
las *demitasses* bajo el péndulo,
el piano, su macramé
deshaciéndose
entre gasas y azogues de espejo.

Un eco apenas luz
arde
en el recinto de azulejos.

VIII

Garden where the rose surrendered its petals
                upon high eaves of ebony;
the demitasses beneath the pendulum,
the piano, its macramé
unraveling
between the mirror's gauzes and mercury.

An echo echoing light
burns
in that tiled enclosure.

IX

La pileta al centro,
los adobes, la acequia
donde flotan nardos:
cóndores que se hunden
en la niebla;
la pérgola, el vino puesto,
la silenciosa sal,
el pozo oscuro de palomas,
la lluvia contra gastados cristales
son velas que resplandecen,
remota luz que enciende
el pasado a la mesa.

IX

The fount in the center,
adobe bricks, the stream
where nards float:
condors that sink
into the fog;
the pergola, the wine decanted,
the silent salt,
the dark well of doves,
the rain against the worn windows
are candles that shine,
remote light that ignites
the past seated at the table.

X

Tres blancos potrillos se alejan...
La materia del deseo
gastada en la precisión de tus infinitos cálculos
es la noche rumiando
la dimensión del fruto,
breve en la mano abierta del invierno
sobre el blandor del pasto.
La materia del deseo,
su precisión de infinito,
es la noche,
esta noche rumiando
mi dimensión de fruto.

X

Three white foals pull away...
The substance of desire
worn out in the precision of your infinite
calculations
is the night pondering
the fruit's dimensions,
brief in the open hand of winter
upon the softness of the grass.
The substance of desire,
its infinite precision,
is the night,
this night pondering
my dimensions as fruit.

XI

Entre aleros y campanadas,
rezos y palomas se extienden
a lo largo de la calle.
Y la madre, abismada
en su ajetreo de alacenas,
en su ir y venir
por el negro lienzo,
por el negro día
donde la hierba fenece.
Los aleros se desploman
como palomas muertas.
Así van sumándose las horas,
el crujir de la madera,
las sombras de los sicomoros
en medio de un silencio,
en medio de un vacío
que recorre tu espalda;
sumándose las horas,
largas horas de este invierno
que enmohece.
Mas la malla resguarda el jardín
entre azulejos.

XI

Between the eaves and the bell peals,
prayers and pigeons spread
all along the street.
And the mother, lost
in her business of cupboards,
in her coming and going
through the black canvas,
through the black day
where the grass perishes.
The eaves sag
like dead pigeons.
Thus do the hours pile up,
the wood's creaking,
the shadows of the sycamores
in the middle of a silence,
in the middle of an emptiness
that crosses your back;
adding up the hours,
the long hours of this
moldering winter.
But the grille shields the garden
between tiles.

Aquella edad
aún pende de la rama
como un pájaro enfermo
y al anochecer
se abre al caudal
de la nostalgia que crece.

That age I was
still rests on a branch
like a sick bird
and at dusk
the floodgates open
to the surging nostalgia.

XII

Dos ibis sosteniendo el tiempo,
cielos para que al menos
un instante pudiéramos soñar.
Luego, los altos montes,
atolones circundando la isla,
esa limitación tatuada
    de faro
y llaga de raíz,
esa perpetua gaviota perdida entre los riscos,
esa raíz oscura de lago mudo y órbita violeta.
¡Oh madre! La muerte en tus manos
       y en el orto
las rosas abiertas
       hacia la copa del ébano,
urnas que alumbran la levedad.
Y en el principio el Amor con sus alas rojas
sucediéndose
sobre láminas de cobre
que su piel desprenden.
Fuego, manos,
marchitan esta grave costumbre
de rostros que se deslíen

XII

Two ibises upholding time
and heavens so that at least
for an instant we could dream.
Then, the tall mountains,
atolls surrounding the island,
that tattooed limitation
    of lighthouse
and torn root,
that perpetual gull lost among the cliffs,
that dark root of deaf lake and violet orbit.
Oh mother! Death in your hands
        and at dawn
the roses open
        toward the crown of the ebony tree,
urns that give birth to lightness.
And in the beginning Love with its red wings
revealing itself
upon copper plates
shed from its skin.
Fire, hands
wilt this grave tendency
of faces that come undone

y cuerpos que se borran como en una vieja fotografía.

Hacienda, pan,
todo guarda su nombre bajo la sombra.

and bodies blur like in an old photograph.

The ranch house, the bread,
everything holds its name beneath the shadow.

Sed

Thirst

Ruinas

La luz es sólo apariencia de la luz...
Acaso viento,
   derrumbe.

La antigua ciudad
      ya reposa bajo el agua.

Ruins

Light is only the surface of light...
Perhaps wind,
  ruination.

The ancient city
        already rests beneath the water.

En las aguas de lo oscuro

Rompe nave y orilla
y se sumerge.
Da de sí
lo que de sí no tiene.
Corazón náufrago:
desatas nubarrones
y sumerges
    oscuramente
el Alto Techo.

In Waters of Darkness

Breaking ship and shore
it plunges deep.
Giving of itself
what the self is unable to give.
Shipwrecked heart:
you unleash storm clouds
and you drag drown
    bleakly
the High Heavens.

Estancias

Oscuridad
del mar en el que habito,
oscuridad, niebla,
mar
y furia en este vuelo,
oscuridad
y ni gaviota lejana,
ni certeza…
sólo pasos de muerto en mar abierto.

Sojourns

The darkness
of the sea in which I dwell,
darkness, mist,
sea
and fury in this flight,
darkness
and not a distant seagull,
nor certainty...
only dead footsteps on the open sea.

Sed

Ser luz que alumbra tordos entre las hojas,
sol penetrando la abierta llaga,
niebla que transforma el destino de tu sueño,
desolación de faro,
gaviota sedienta
que se aleja cuando la lluvia.

Thirst

To be light illuminating thrushes between the leaves,
to be sun penetrating the open wound,
mist that transforms the fate of your dream,
the desolation of the lighthouse,
thirsting seagull
drawing away in the rain.

Desnudo frente a un espejo

El azul sargazo de tu desnudez,
las tristes cosas ante el espejo,
viejas cosas que se resisten, en su nostalgia,
contra las nuevas cosas:
los muslos firmes de las muchachas,
trazo perfecto de Delvaux.

Nude Before a Mirror

The seaweed blue of your nudity,
sad things in the mirror,
old things that struggle, in their nostalgia,
against new things:
the firm white thighs of maidens,
a perfect brushstroke by Delvaux.

Fondo marino

Dentro crecen las perlas;
asoman
recogiéndose en sí,
sumándose
a valvas y raíz.
Sigilosas,
ven pasar la hora vertical,
la madrugada naranja,
el amplio fluir de caracolas y madréporas
buscando la memoria de su reino;
mas las perlas, sin dejar su centro,
alumbran el remanso que asciende.

Seabed

The pearls grow inside,
they peek out
gathering together,
joining
valves and root.
Stealthily,
they watch the vertical hour pass,
the orange early hours of the night,
the broad flow of snails and madrepore corals
searching for the memory of their kingdom;
but the pearls, without leaving their center,
light up the rising pool of water.

Signo

No más tu piel,
ni piedra de templo,
ni grano que germina.
Nunca mármol tallado,
ni lápida de héroe;
sólo mosca en el ojo del asno,
ojo del tiempo,
vida en el cielo trazada.

Signs

No longer your skin,
nor the temple stones,
nor the germinating seed.
Never again carved marble,
nor hero's tombstone;
only a fly in the eye of the ass,
the eye of time,
life in the written sky.

El mundo

La cúpula dorada,
los portones de hierro,
arcángeles,
legiones...
Este intento
de vivir
la historia condenada.

The World

The gilded dome,
the iron entryway,
archangels,
legions...
This attempt
to live
the condemned history.

Augurios

Un cielo rompe,
busca abrirse paso:
negror profundo
de arena y planto.
Sobre tu lecho
una luz
abre su fronda,
late en plenitud.

Auguries

A sky breaks,
seeks to make it's way:
deep blackness
of sand and lament.
Upon your bed
a light
unfurls its foliage,
throbs in fullness.

Abandono

Sobre el risco
un pelícano
llena sus párpados de luz,
enciende su plumaje y se yerguen las palmas.

Desciende hacia el quebrar de espuma
en donde lento
a su sombra se abandona.

Abandonment

Above the crag
a pelican
fills its eyes with light,
its feathers ignite as the palms arise.

It descends toward the break of foam
where slowly
it abandons its shadow.

Pasaje

En un trazo
perfectamente delineado
el horizonte;
en gris
la figura de un hombre
se esfuma entre rojas
y amarillas pinceladas,
luego vuelve más densa y profunda.
La realidad es algo que no acontece;
vivir
es sólo un modo
de oscura claridad.

Still Life

In a perfectly
delineated line,
the horizon;
in gray,
the figure of a man
dissipates among red
and yellow brush strokes,
then becomes denser and deeper.
Reality is something that doesn't occur;
living
is just one kind
of dark clarity.

CIHUATETEO

El cuerpo descascara su añil
y rojo
queda el cinabrio en el tocado,
la cera mineral en párpados,
la serpiente enroscada a la cintura,
el sahumerio,
los labios entreabiertos,
...queda el deseo.

CIHUATETEO*

Her body's indigo flakes away
but red
remains the cinnabar of her headdress,
mineral wax on her eyelids,
a serpent coiled around her waist,
a resin brazier,
her half-open lips
...desire still remains.

---

* Nahuatl word meaning "Divine Women". In Aztec
mythology, the souls of women who died in childbirth became
these spirits who accompanied the setting Sun.

Vacío de amor

La propia soledad
que ha sido,
que será.

The Emptiness of Love

All loneliness
that has existed,
that shall exist.

Fragata

Mira a lo lejos
y se mira a sí misma

Honda
en la partida

The Frigate

Looks into the distance
and looks at herself

Deep
in her departure

Lejanía

Como un astro la memoria
se desvanece
en medio de la niebla.

Distance

Like a star, memory
dissipates
amid the mist.

Patio

Sobre la ropa tendida
la lentitud del alba.

Patio

Upon the hung laundry
the slowness of the dawn.

Santa Isabel

Los niños en el río
miden el fondo
de la transparencia.

Santa Isabel

The children in the river
measure the depth
of the transparency.

Garza

Bajo el sabino abreva

nítida blancura.

Heron

Drinking beneath the Ahuehuete tree

    pure whiteness.

Floresta

Ramas de sol
escapan
como peces blancos.

THICKET

Branches of sun
escape
like white fish.

Santo Domingo

En el atrio
faisanes
iluminan charcas.

Santo Domingo

In the atrium
pheasants
illuminate ponds.

Estío

Y no es que el árbol pierda su verdor

es el alma que anula su follaje.

Summertime

And it's not that the tree loses its greenery

it's the soul that annuls its foliage.

Orilla

Las aguas rebasan

               el curso

                             indefinido del olvido.

Sólo agua pedí;
nada más que calmara mi sed.

Shore

The waters overflow
              the undefined
                            conduits of forgetting.

   Only water did I ask for;
nothing more would quench my thirst.

Horas

Bajo el portal
llevas a tus manos
el fruto de la niebla;
un tordo abandona su rama,
viaja al estanque
donde suelen flotar los cisnes negros.

En las manos del musgo
enciende su tristeza,
luego cae en desolado bosque.
Una luz marchita,
un ave herida,
la niña busca entre los restos
fragmentos de quietud.

Ruinas sobre ruinas
y entre ellas
un águila,
una sola rama,
un solo encuentro

Hours

Under the entryway
you take into your hands
the fruit of the fog;
a thrush abandons its branch,
journeys to the pond
where the black swans usually float.

In the hands of the moss
its sadness ignites,
then falls in desolate forest.
A dim light,
a wounded bird,
the little girl searches among the remains
for fragments of stillness.

Ruins upon ruins
and among them
an eagle,
a single branch,
a single encounter:

el resplandor del ave.

Su resplandor alumbra las tardes del zaguán,
su fuego enciende las tinieblas.

Al puerto de olas fúnebres
se suman lluvias. La estrella lejana
es el hilo que une la densidad de este sueño
a la doble estela del abandono.

La muerte en tus muslos de agapanto
y en sus manos, el aura.

Sedimentos de alquitrán de la flor,
madrugada de nostalgia, timbales entre nubes
abren la misma herida.

La mañana
bajo manos de musgo
enciende su tristeza.

the raptor's splendor.

Its splendor lights up the vestibule's afternoons,
its fire ignites the gloom.

To this port of funereal waves
rains are added. The distant star
is the thread that joins the density of this dream
to the double wake of abandonment.

Death in your agapanthus thighs
and in his hands, the carrion crow.

Sediment of tar from the flower,
dawn's nostalgia, drums among clouds
open the same wound.

The morning
beneath hands of moss
ignites its sadness.

Descenso

I

Frente a la farmacia Niños Héroes
el cine de pájaros y el olor a musgo;
de Sisogíchic la fronda de álamos,
el paso del ave que se pierde,
las vendedoras hacia el Parque Lerdo
donde niñas juegan a la bebeleche
y niños se dan toques sobre charcos,
    tomados de los postes de luz.

Entre grises
    la hondura de la tarde,
la perfección del círculo
que de noche desciende a cubrir tus sueños;
memoria clarísima
vuelve la imagen,
la nota suave de la brisa,
reflejo apenas
de ese otro tiempo en los charcos
tomados de los postes de luz,

Descent

I

In front of the Niños Héroes pharmacy
the cinema of birds and the smell of moss;
from Sisogichic the fronds of poplar,
the passing of a bird that disappears,
the women vendors toward Lerdo Park
where little girls play hopscotch
and little boys gave one another shocks,
standing in puddles
    and touching the light poles.

Among grays
  the depth of the afternoon,
the perfection of the circle
that at night descends to cover your dreams;
the image becomes
clearest memory,
the smooth note of the breeze,
bare reflection
of that earlier time in the puddles,

cuando los héroes eran niños entre pájaros
y aquél olor a musgo…

the jolts from the light poles,
when the heroes were children among birds
and that smell of moss...

II

Años que agitan las ramas secas
de la tarde
que se desploma
entre el níspero
    y el arrayán.

II

Years that beat the dry branches
of the afternoon
which collapses
between the medlar tree
      and the myrtle.

III

La luz abre paso a la fronda,
sus aljófares festonan los cielos;
huertos iluminados por la mansa hora
que regresa su pulso a la materia.
Llevadas hojas por el viento;
lejano límite, la playa,
aquellos días sagrados bajo la inclinación
                de ramas
cuando la callada hora
alzaba el fuego de los ánsares
y un techo de alas sobrevolaba
el portal de gastada pátina.
Larga es la noche frente al mar,
hondas las soledades de este reino.
¿Y dónde hurgar?
Cómo encontrar el rostro perdido
                de esos días
si en el regazo de la noche estoy.

III

The light makes its way through the foliage,
its dew drops festoon the heavens;
gardens illuminated by the tame hour
that returns its pulse to the matter.
Leaves carried by the wind;
distant limit, the beach,
those sacred days beneath the inclination
                        of branches
when the hushed hour
raised the fire of the geese
and a roof of wings overflew
the entrance with its worn patina.
Long are the nights before the sea,
deep are the solitudes of this kingdom.
And where to delve?
How to find the lost face
               of those days
if it is in the lap of the night I rest.

VI

La vereda, la dispersa lluvia,
el sino blanquísimo de la lejanía,
su capullo abriéndose al corazón de la noche;
y bajo el puente,
la desolación del invierno,
sus abiertos nardos,
la calle perdida entre la bruma,
los rostros de aquellos que saben
que aunque toques sus cuerpos
tú no estás.

Estancia de miedo presentir
y flotar en la vereda,
en el sino de la lejanía;
agua, lluvia, materia fínisima del sueño,
nítida hora bajo el abrazo del otoño,
hora del comienzo entre piedras
cuando el deseo planta su rosa de construcciones
    al centro del espejo;
infinita prolongación
repitiéndose bajo la llaga.

VI

The path, the light rain,
that so-white fate of the distance,
its bud opening to the heart of the night;
and beneath the bridge,
the desolation of winter,
its open nards,
the street lost amid the mist,
the faces of those who know
that even though you touch their bodies
you are not there.

Sojourn of fear to foresee
and to float along the path,
into the fate of the distance;
water, rain, that oh-so-fine matter of the dream,
clear hour beneath the embrace of autumn,
hour of beginning among stones
when desire plants its rose of constructions
    in the center of the mirror:
infinite prolongation
repeating itself beneath the wound.

VII

¿Cómo creer?
¿Qué hacer para que florezca
　　　　de nuevo?
La nieve,
tus manos enguantadas,
el tiempo sin cubrir la grieta.

VII

How can one grow?
What can one do to blossom
        once more?
The snow,
your gloved hand,
time not covering the crevice.

VIII

De su belleza,
de su blanco jardín
germina el musgo;
haciéndose luz
anida y crece,
traza su universo
bajo el círculo del mediodía
como un espejo de piedra.
Su ausencia es esa luna
en busca de un mar
      que defina su flujo;
y las gaviotas en lejano vuelo,
estelas
      hacia el amanecer de los esteros.
¿Recordará su sitio
la muda sustancia de la niebla?
De su belleza,
de su blanco jardín,
la noche rueda.

VIII

From its beauty,
from its white garden
the moss sprouts;
becoming light
it nests and grows,
sketches its universe
beneath the circle of midday
like a mirror of stone.
Its absence is that moon
in search of a sea
     that defines its flux;
and the sea gulls in distant flight,
trails of smoke
     toward the dawn of the estuaries.
Will the mute substance of the mist
remember its place?
From its beauty,
from its white garden,
night descends.

Niebla

I

Breve sustancia la niebla,
su clarísimo carbón, su pátina de viento...
la tierra apenas humedece
la piedra circular donde manan antiguos destellos,
el néctar petrificado,
cristales de este invierno;
y en generosa calma
buscar entre menudos giros
otoño adentro
los recuerdos
cuando todo es cascada acreciendo su abandono.

Fog

I

Brief substance the fog,
its so-clear carbon, its patina of wind...
the land barely dampens
the circular stones where ancient glimmers spring,
the petrified nectar,
crystals of this winter;
and to search in small turns
in generous calm,
autumn within,
the memories
when everything is cascade increasing
its abandonment.

II

Bajo el murmullo de los álamos
la voz, ese leve impulso
contra el cielo,
un surco de gaviotas,
ese mar entero
de brazos que extienden su corazón de nuez,
horas de este invierno
como un tigre,
su callada resurrección entre sombras,
la vida,
recordarás la vida,
breve sustancia, voz,
lámpara que es niebla
ante el espejo.

II

Beneath the murmur of the poplars
the voice, that slight impulse
against the sky,
a furrow of sea gulls,
that eternal sea
of arms that extend their nut heart,
hours of this winter
like a tiger,
its hushed resurrection among shadows,
the light, you'll remember the life,
brief substance, voice,
lamp that is mist
before the mirror.

III

Todo olvido guarda una luz,
un nombre cada fotografía,
un año cada árbol;
dorada en semillas, de grisácea arcada,
la oropéndola teje sus nidos.

Las nocturnas copas de los árboles
son nuestras mientras nos hundimos.
Y no basta ese llegar a la raíz,
ese perderse entre sus copas subterráneas;
es la voz, incierta y estrecha,
que apenas arde;
la hora del comienzo y el fin,
la suma de moradas bajo la luz de los olvidos.

III

All forgetting guards a light,
every photograph a name,
every tree a year;
gilded in seeds, of grayish arcade,
the golden oriole knits its nests.

The nocturnal crowns of the trees
are ours while we sink.
And it's not enough this reaching the root,
this losing oneself among those subterranean branches;
it is the voice, uncertain and close,
that barely burns;
the hour of the beginning and of the end,
the sum of dwellings beneath the light of forgettings.

IV

Sobre lajas se fija el resplandor
de un cielo rasgado,
y en la inmensidad
íntima de los bosques,
aquella edad del que nada sabía,
abierta a la luz de los deseos.
Pero la niebla ciega cualquier señal.
Ocre de raíz a río
la forma devanada de la noche,
su aliento apenas audible:
voz incierta,
apenas arde,
álamo distante
que flota en el seno de este sueño.

IV

Affixed upon sandstone is the splendor
of a torn sky,
and in the intimate
immensity of the forests,
that unknown age,
open to the light of desires.
But the fog blinds any signal.
Ochre of root to river
the faded form of the night,
its breath barely audible:
voice uncertain,
it barely burns,
distant poplar
that floats in the bosom of this dream.

V

Nada queda,
sólo esa sensación de carne que se desmorona
en un paisaje de invierno.

Porque fuego es presagio de hielo,
desnudez de ángel, opreso laberinto,
ausencia
    con dedos de sangre dibujada.

V

Nothing remains,
only that sensation of flesh
   that decays
in a winter landscape.

Because fire is a portent of ice,
a naked angel , an oppressive labyrinth,
absence
    drawn with fingers of blood.

VI

Ligera, se va perdiendo entre los álamos
segura de su luz,
aroma de agua quieta;
en lo fugaz
del arrullo primero
la leve coincidencia.

Sólo una noche basta para alumbrar
en lento ascenso
el tenue pulso que retorna.
Dentro del hálito la quietud, su deseo
que estalla
sin dispersar fragmentos.

Desde la raíz, entera, la frágil voz regresa.

VI

Weightless, disappearing among the poplars
sure of its light,
the scent of quiet water;
in the fleetingness
of the first murmur
the slight coincidence.

A single night is enough to illuminate
in slow ascent
the tenuous pulse that returns.
Within the vapor a stillness, its desire
which bursts
without scattering fragments.

From the root, unbroken, the fragile voice returns.

VII

Todo aguarda tras el ventanal: el estero,
los ánsares, este sentir apenas el reflejo
porque oblicua nace la sombra,
la conjunción que cierra la niebla;
esa materia finísima del sueño,
su naciente verdad que llama desde lo hondo,
la desierta memoria que germina.

VII

Everything awaits behind the large window: estuary,
geese, this scarcely feeling the reflection
because shadow is born obliquely,
the conjunction that encloses the fog;
this so-fine material of dream,
its nascent truth that calls from the depths,
the desert memory that germinates.

Jeannette L. Clariond, poeta y traductora.

Entre sus libros publicados están: *Mujer dando la espalda*, *Desierta memoria* (Premio Nacional de Poesía Efraín Huerta), *Todo antes de la noche* (Premio Nacional de Poesía Gonzalo Rojas), *Leve sangre* (finalista Premio Cope de Perú) y *Ante un cuerpo desnudo* (II Premio Internacional de Poesía San Juan de la Cruz), entre otros. La Universidad de Guadalajara la reconoció con el Premio Juan de Mairena, y la Universidad Autónoma de Nuevo León con el Premio al Mérito Editorial.

Entre sus traducciones están: *A una hora incierta* de Primo Levi vertida por primera vez al castellano; más de

Lawrence Schimel (New York, 1971) is a bilingual (Spanish/English) writer who's published over 120 books as author or anthologist in a wide array of genres. He is also a prolific literary translator. Recent poetry translations include: *Destruction of the Lover* by Luis Panini (Pleiades Press, 2019); *Bomarzo* by Elsa Cross (Shearsman, 2019), *Impure Acts* by Ángelo Néstore (finalist for the Thom Gunn Award; Indolent Books, 2019), *I Offer My Heart as a Target* by Johanny Vazquez Paz (winner of the Octavio Paz Prize from the National Poetry Series; Akashic Books, 2019) and *Hatchet* by Carmen Boullosa (winner of the Cliff Becker Prize; White Pine Press, 2020). His poetry translations appear regularly in *Words Without Borders, Latin American Litera-*

una decena de libros de Alda Merini, el último de ellos *Delito de vida*; la obra completa de Elizabeth Bishop; y con el crítico Harold Bloom *La Escuela de Wallace Stevens,* que le mereciera el premio a la mejor traducción del Latino Book Awards. La Casa Museo Alda Merini le otorgó un reconocimiento en Milán por la difusión de la obra de la poeta que ha realizado durante más de 20 años.

Jeannette L. Clariond is a Mexican poet and translator. Her books include *Mujer dando la espalda*, *Desierta memoria* (winner of the Efraín Huerta National Poetry Prize), *Todo antes de la noche* (winner of the Gonzalo Rojas National Poetry Prize), *Leve sangre* (finalist for the Cope Prize in Peru), and *Ante un cuerpo desnudo* (winner of the second San Juan de la Cruz International Poetry Prize), among others.

The University of Guadalajara awarded her the Juan de Mairena Prize and the Autonomous University of Nuevo León awarded her the Editorial Merit Award.

Her translation include: Primo Levi's *A una hora incierta;* over dozen books by Alda Merini (resulting in an award from the Casa Museo Alda Merini in recognition of twenty years of promoting the author's work); the complete works of Elizabeth Bishop; and La Escuela de Wallace Stevens, which she also edited with the critic Harold Bloom , which won best translation from the Latino Book Awards.

ture Today, Modern Poetry in Translation, Asymptote, Guernica, Los Angeles Review, Pleiades, Río Grande Review, Tupelo Quarterly, and other journals.

Lawrence Schimel (New York, 1971) es un escritor bilingüe (español/inglés) que ha publicado más de 100 libros como autor o antólogo en muchos géneros distintos. Es también un prolífico traductor literario. Recientes traducciones de poemarios incluyen: *Destruction of the Lover* de Luis Panini (Pleiades Press, 2019); *Bomarzo* de Elsa Cross (Shearsman, 2019), *Impure Acts* de Ángelo Néstore (finalista para el premio Thom Gunn; Indolent Books, 2019), *I Offer My Heart as a Target* by Johanny Vazquez Paz (winner of the Octavio Paz Prize from the National Poetry Series; Akashic Books, 2019) y *Hatchet* de Carmen Boullosa (winner of the Cliff Becker Prize; White Pine Press, 2020). Es colaborador habitual de traducciones de poesía en revistas como *Words Without Borders, Latin American Literature Today, Modern Poetry in Translation, Asymptote, Guernica, Los Angeles Review, Pleiades, Río Grande Review, Tupelo Quarterly*, entre otros.

Fomite

More poetry and dual language books from Fomite...

Poetry
Anna Blackmer — *Hexagrams*
L. Brown — *Loopholes*
Sue D. Burton — *Little Steel*
David Cavanagh— *Cycling in Plato's Cave*
James Connolly — *Picking Up the Bodies*
Greg Delanty — *Loosestrife*
Mason Drukman — *Drawing on Life*
J. C. Ellefson — *Foreign Tales of Exemplum and Woe*
Tina Escaja/Mark Eisner — *Caida Libre/Free Fall*
Anna Faktorovich — *Improvisational Arguments*
Barry Goldensohn — *Snake in the Spine, Wolf in the Heart*
Barry Goldensohn — *The Hundred Yard Dash Man*
Barry Goldensohn — *The Listener Aspires to the Condition of Music*
R. L. Green — *When You Remember Deir Yassin*
Gail Holst-Warhaft — *Lucky Country*
Raymond Luczak — *A Babble of Objects*
Kate Magill — *Roadworthy Creature, Roadworthy Craft*
Tony Magistrale — *Entanglements*
Gary Mesick — *General Discharge*
Andreas Nolte — *Mascha: The Poems of Mascha Kaléko*
Sherry Olson — *Four-Way Stop*
Brett Ortler — *Lessons of the Dead*
David Polk — *Drinking the River*
Janice Miller Potter — *Meanwell*
Janice Miller Potter — *Thoreau's Umbrella*
Philip Ramp — *The Melancholy of a Life as the Joy of Living It Slowly Chills*
Joseph D. Reich — *A Case Study of Werewolves*
Joseph D. Reich — *Connecting the Dots to Shangrila*
Joseph D. Reich — *The Derivation of Cowboys and Indians*

Fomite

Joseph D. Reich — *The Hole That Runs Through Utopia*
Joseph D. Reich — *The Housing Market*
Kenneth Rosen and Richard Wilson — *Gomorrah*
Fred Rosenblum — *Playing Chicken with an Iron Horse*
Fred Rosenblum — *Vietnumb *
David Schein — *My Murder and Other Local News*
Harold Schweizer — *Miriam's Book*
Scott T. Starbuck — *Carbonfish Blues*
Scott T. Starbuck — *Hawk on Wire*
Scott T. Starbuck — *Industrial Oz*
Seth Steinzor — *Among the Lost*
Seth Steinzor — *To Join the Lost*
Susan Thomas — *In the Sadness Museum*
Susan Thomas — *The Empty Notebook Interrogates Itself*
Sharon Webster — *Everyone Lives Here*
Tony Whedon — *The Tres Riches Heures*
Tony Whedon — *The Falkland Quartet*
Claire Zoghb — *Dispatches from Everest*

Poetry - Dual Language
Vito Bonito/Alison Grimaldi Donahue — *Soffiata Via/Blown Away*
Antonello Borra/Blossom Kirschenbaum — *Alfabestiario*
Antonello Borra/Blossom Kirschenbaum — *AlphaBetaBestiaro*
Antonello Borra/Anis Memon — *Fabbrica delle idee/The Factory of Ideas*
Aristea Papalexandrou/Philip Ramp — *Μας προσπερνά/It's Overtaking Us*
Mikis Theodoraksi/Gail Holst-Warhaft — *The House with the Scorpions*
Paolo Valesio/Todd Portnowitz — *La Mezzanotte di Spoleto/Midnight in Spoleto*

Fomite

For more information or to order any of our books, visit:
http://www.fomitepress.com/our-books.html

Writing a review on Amazon, Good Reads, Shelfari, Library Thing or other social media sites for readers will help the progress of independent publishing. To submit a review, go to the book page on any of the sites and follow the links for reviews. Books from independent presses rely on reader-to-reader communications.

www.ingramcontent.com/pod-product-compliance
Lightning Source LLC
Chambersburg PA
CBHW030337100526
44592CB00010B/719